AF372475

Achim von Arnim

Das Frühlingsfest
(Nachspiel)

e-artnow 2018

Konrad Alberti
Im Suff

Richard Wagner
Der Ring des Nibelungen

Friedrich Schiller
Die Jungfrau von Orleans

Friedrich Schiller
Wilhelm Tell

Christian Dietrich Grabbe
Hannibal

Joachim Wilhelm von Brawe
Der Freigeist

Jean Baptiste Racine
Phedre

Friedrich Schiller
Maria Stuart: Ein Trauerspiel

Gotthold Ephraim Lessing
Emilia Galotti

Ludwig Tieck
Der gestiefelte Kater

Achim von Arnim

Das Frühlingsfest (Nachspiel)

e-artnow, 2018
ISBN 978-80-273-1554-3

Das Frühlingsfest

Ein Nachspiel

Stimmen

Beata , Fürstin am Rhein *(Diskant)* .
Walter , ihr Bruder *(Baß)* .
Siegfried , ihr Feind *(Bariton)* .
Der Frühling *(Tenor)* .
Chor der Jungfrauen .
Einzelne Jungfrauen .
Chor von Walters Rittern .
Chor von Siegfrieds Rittern .
Chor der Schwäne .
Chöre der Hirten .

Grünes Wiesental am Rhein im ersten Frühlingsscheine, nach einer Seite von Bergen begrenzt. Von einem Bergschlosse herab steigt Beata mit ihrem Gefolge von Jungfrauen.

Chor der Jungfrauen

Es grüßen sich die Hirten wieder
Von Berg zu Berg in Freudensang,
Die Herde steigt zum Tale nieder
Und füllt mit hellem Glockenklang
Des Widerhalles frohen Mund,
Er macht das Fest des Frühlings kund.

Beata

Der Schäfer lockt mit seiner Flöte
Die Schäflein auf das frische Grün,
Wo in der hellen Morgenröte
Des Jahres erste Blumen blühn.
Die Lämmer scheinen wie verloren
Im Glanz, der Erd' und Himmel deckt,
Es hat der Winter sie geboren,
Der Frühling sie zur Freude weckt.
O könnte ich den Gott erblicken,
Der durch die Welt so freudig zieht,
Er lockt mit irdischem Entzücken
Und heimlich dann zum Himmel flieht.

Chor der Jungfrauen

Wir wissen nicht, wer uns gerufen,
Es war des Herzens Frühlingsdrang,
Wir springen von den Felsenstufen,
Uns wird so wohl, uns wird so bang.
Wir freuen uns der frühen Milde
Und fürchten doch, sie sei zu früh,
Der Winter räumet das Gefilde,
Als ob er vor dem Frühling flieh';

Noch könnte er wohl wiederkehren
Mit neuer Kraft, mit alter Wut,
Und alle Frühlingssaat zerstören
In böser Lust, mit kaltem Blut.

Beata
Es sinkt der Tau zu unsern Füßen,
Es bleibt ein heller Maientag,
Und sanfte Luft will uns umfließen,
Daß hoch die Flamme brennen mag;
Seht auf zum Himmel, welches Wetter.
Und hört die wilden Tauben girrn,
Dann legt die ersten grünen Blätter
In Kränzen um die keusche Stirn.
Das weiche Gras die Schritte hebet
Zu unserm Festzug unbewußt,
Und was in eurem Herzen bebet,
Das ist ein Übermaß von Lust.

Chor der Jungfrauen
Wir folgen dir so treu durchs Leben,
Du weinest Tränen unbewußt.

Beata
O seht, der Blume Haupt erbebet
Am Wasserfall von Tropfenlust,
Und was in meinen Wimpern schwebet,
Ist Freudentau aus tiefer Brust.
Der Adler führet seine Jungen
Auf seinen Flügeln zu der Sonne,
Die Schlangen haben sich umschlungen
Und all ihr Gift ist Liebeswonne.
So hat der Frühling mild verbunden
Des Krieges schmerzlich tiefe Wunden.
Mit den Schwertern, die zerbrochen
Glänzen auf dem Strand am Rhein,
Schlaget Funken aus dem Stein;
O der seltnen Friedenswochen!
Sammelt fleißig trockne Reiser,
Wünschet feurig, redet leiser,
Betet zu dem Morgenwinde,
Daß die Flamme nicht verschwinde.

Chor der Jungfrauen
Irrende Winde, wehet gelinde,
Wärmt euch die Flügel, rauschend am Hügel,
Zögernde Flammen füget zusammen,
Daß sie verbündet, kräftig entzündet
trockenen Zweigen leuchtend entsteigen,
Blätter und Halmen wirbelnd zermalmen!
Lasset sie steigen, daß doch ein Zeichen
Drüben am Rheine Freunden erscheine,

Die es erwidern, grüßend in Liedern,
Grüßend in Feuer, ehrend die Feier,
Die uns entzündet, die uns verbindet,
Unschuld zu ehren, Treue zu lehren!

Beata
Die Lüfte haben unsern Wunsch erfüllt,
Und wie aus langverschloßner Haft
Befreiet sich der Jugend Kraft,
Die in den goldgelockten Flammen spielt.
Schmückt das goldgelockte Haupt
Mit dem frischen Thymian,
Der dem Frühlingsfest geraubt,
Trocknen Blumen macht er Bahn.
Werft hinein die trocknen Malven,
Gebet sie in Flammenhand,
Daß die frischen Triebe wallen,
Wird der tote Stamm verbrannt.
Auch der Sonnenblume Scheiben,
Von den Vögeln ausgepickt,
Soll das Feuer spielend treiben,
Daß kein Grün davon erdrückt.
Auch der Vögel alte Nester
Stürzet in den Flammenherd,
Denn die Liebe einet fester,
Die in neuer Müh' bewährt.

Chor der Jungfrauen
Die Flamme steigt zur höchsten Höhe,
Der Unschuld Schwur sei dargebracht,
Das Feuer als ein Zeichen stehe,
Die Schuld'ge strafe Feuers Macht.
Wir alle, die wir hier beisammen,
Wir schwören bei dem heil'gen Schein,
Der reinen Unschuld heil'ge Flammen
Bewahrten unsre Herzen rein,
Wir können in das Blau des Himmels schauen,
Als war' es Gottes Auge, voll Vertrauen.

Beata
Es weht der Schwur
Zum Himmel in den Flammenspitzen,
Es hört ihn Wald und Flur,
Der Himmel zeigt in frühen Blitzen,
Die durch die heitre Bläue ziehn,
Er sehe unsre Herzen glühn.
Betet um des Jahres Milde,
Daß es uns mit festem Schilde
Auch in diesem Jahre schützt,
Wenn der Krieger Auge blitzt,
Wenn die Liebe, wenn Gewalt
Grimmig tauschen die Gestalt

Und zu unserem Verderben
Im Vereine um uns werben.

Chor der Jungfrauen
Es hörten unsern Schwur
Der Himmel und die Flur,
Sie hören das Gebet,
Das still zu ihnen weht.

Beata
Zum Opfer werft Wacholderäste,
So hebt sich knisternd Wohlgeruch,
Gern dient das Feuer jedem Feste,
Es hebt den Duft im Freudenzug.

Chor der Jungfrauen
Wie lieblich duften blaue Flammen
Aus trocknen Ästen auferweckt,
Vom Winter muß der Frühling stammen,
Das Feuer die Verwandlung deckt,
Geheimnis wirkt in allem Feuer,
Geheimnis ist der Unschuld Feier.

Beata
Nach altem Brauch bleibt nun beisammen
Und tanzt nach alter, froher Sitt',
Wie weichlich spielen grüne Flammen
Um unsern leicht bewegten Schritt,
Und jedes Grün, das wir betreten,
Hebt frischer seine Blätter auf,
Weil wir es tanzend nicht verschmähten
In unfrei Schritte schnellem Lauf.

Chor der Jungfrauen
Es hat das Jahr nun ausgeträumt,
Wie glänzt der Rhein, wie strömt das Blut,
Der Rhein in Tanzes Wirbeln schäumt,
Es drängt das Blut in frischem Mut.
Die Fische springen auf dem Spiegel
Des hellen Stromes hoch empor,
Die Freude leiht uns Engelsflügel
Und trägt uns zu der Engel Chor.
O dieses Glück wird ewig dauern!

Eine Jungfrau
Weh uns!

Eine andre
Du hemmst den Tanz mit Schaudern?

Beata

Was störst du unsre Lust?

Die erste Jungfrau

Weh uns!

Beata

Du sinkst erblaßt an meine Brust!
Hat deinen Fuß im Tanz ein Dorn verletzt,
Hast du ihn auf den scharfen Stein gesetzt,
Auf Eisensplittern, die der Krieg gesät,
Wenn er die Ernte abgemäht,
Wie kannst du vor so kleinem Schmerze zittern?

Jungfrau

Weh uns, wehe,
Ich kann nicht sagen, was ich sehe,
Es starrt mein Blick!
O allzu karges Glück!
Wohin entfliehen?
Die Feinde uns umziehen!
Wo uns der Rhein vom Walde ist versteckt,
Da naht der Feind, da ist er von den Schiffen schwarz bedeckt.
Trommeten schmettern von den Schiffen,
Die Panzer glänzen in dem Rhein,
Bald hat auch uns der Feind ergriffen,
Es hört kein Freund der Jungfraun Schrein.

Beata

Sie werden nicht mit kriegrischem Getümmel
Das Fest des Frühlings stören,
Sie werden ritterlich die Jungfraun ehren,
Verräter straft der Himmel.

Chor der Jungfrauen

Wehe, wohin, ach wohin sollen wir flüchten?
Gegen den Wind und den Strom siegen die Feinde –
Wehe, wo weilen die Brüder, die Freunde?
Schuldlose Lust, ach du willst uns vernichten.
Sehet die Hirten, sie flüchten die Herden,
Treiben sie jammernd zu höheren Bergen.
Wehe, nichts kann uns im Tale verbergen,
Wehe, sie nahn auf gerüsteten Pferden.

Chor der Ritter

(Von Siegfried geführt, die sich auf den Schiffen nahten und ihre Pferde besteigen)
Es senkt der Rhein das eis'ge Schwert,
Das uns den Kampf so lang verwehrt,
Und dienend muß er uns nun tragen.
Gern möchte er das Schiff zerreißen,
Doch wenn wir ihn mit Rudern schlagen,

So muß er seinen Schmerz verbeißen.
Juchhei ans Land! geschwind zu Pferd!
Wir rauben die Jungfraun am Feindesherd.

Chor der Jungfrauen
Sie nahn, sie zeigen uns die Sklavenketten, –
Zu Hilfe! will uns keiner retten?
So stürzen wir uns in den Rhein,
Wir wollen treu dem Schwure sein.

Beata
Seht auf und fasset Mut,
Ihr seht den Staub am Berg hernieder:
Es nahn die Brüder,
Sie schützen treu ihr Blut.

Chor der Ritter
(unter Walters Anführung, die aus einem der Bergschlösser zum Schutze der Jungfrauen hinun-
terreiten)
Wir Reiter auf Wolken von flüchtigem Staub,
Wir eilen zum Schutze der Jungfraun herbei,
Wir hörten im Schlosse ihr Jammergeschrei,
Noch hallen die Berge, noch zittert das Laub.

Walter
Juchhei, mein Pferd, da standest du fest,
Ich schwenkte mich drauf wie der Vogel ins Nest;
Juchhei, mein Pferd, du kennst deinen Lauf,
Er geht in den dichtesten Feindeshauf!
Wie blitzen die Schwerter im Sonnenschein,
Wie donnern die Rosse drein, drein, drein!

Chor von Walters Rittern
Wie blitzen die Schwerter im Sonnenschein,
Wie donnern die Rosse drein, drein, drein!

Chor der Jungfrauen
Wehe, wehe in der Mitten
Zwischen den ergrimmten Haufen,
Angeweht vom Pferdeschnaufen,
Werden wir in Staub geritten:
Die uns raubend, die uns rettend grüßen,
Beide, beide uns verderben müssen.

Beata
Bruder, Freunde, treue Ritter,
Hemmet eures Zornes Flamme,
Seht, wie tobende Gewitter
Steht ihr drohend über eurem Stamme!
Fremde Ritter, eure Ehre
Fordert, Frauen zu beschützen,

Senket eure wilden Speere,
Laßt sie heut im Ritterspiele blitzen!
Hielt der Winter euch bezwungen,
Dieser Rhein, der euch getrennt,
Fester seid ihr jetzt umschlungen
Von der Ehre, die im Herzen brennt.
Freier Jungfraun Blumenketten
Sind die Schranken, die euch trennen,
Frühling will die Unschuld retten,
Ladet euch zu edler Spiele Freuden.

Siegfried
Ach, wie werde ich verraten!
Diese blühend roten Wangen
Hemmen alle meine Taten
In dem zärtlichen Verlangen.

Chor von Siegfrieds Rittern
Uns entsinket Speer und Zügel
In dem Anblick dieser Schönen,
Eine hält mir schon den Bügel,
Will mit grünem Kranz mich krönen,
Liebeszauber schenkt den Frieden,
Friede ist ein zaubernd Lieben.

Walter
Geliebte Schwester, wende ab von ihnen
Die flehende Gewalt der Augen,
Sie töten meinen Ruf.
Schon wähnt der Feind, daß ich es meide,
Mit gutem Schwert ihn zu bestreiten,
Mit deiner Schönheit Zauberblume
Ihm Herz und Stahl ankette.
Ich lebe in der Ehre und im Ruf,
Und tötest du den Ruf, so sinkt die Ehre,
In mir sind beide eins,
Ich leb und sterbe auch mit ihnen;
Durchbohrst du mir das Herz, so sinkt mein Haupt,
Zerschmetterst du mein Haupt, so stirbt mein Herz.
Beata, ziehe heim zum hohen Schloß
Und sieh dem Kampf, der alles soll entscheiden,
Von unsres Hauses Zinnen zu; wir scheiden,
Leb wohl! sei dein Gebet mein Schlachtgenoß! –
Auf, Siegfried, auf! noch eh der Tag sich wendet,
Sei unser Streit durch Mut und Glück geendet.

Siegfried
Geendet ist der Streit
Schon heut auf ew'ge Zeit;
Nehmt, edle Fürstin, dieses Schwert,
Ich geb mich Euch gefangen,

Ihr seid allein der Herrschaft wert,
Und Euch zu dienen, ist nun mein Verlangen.

Walter
Ich staune die Verwandlung an
Und ahnde wohl die Macht, die dich bezwungen,
Ich mahne dich an alle tapfern Tage,
Wo unsre Schwerter aneinander klirrten.

Siegfried
Andre Zeit,
Andrer Sinn!
Zu dem Streit
Zog ich hin,
Sieg und Tod an beiden Seiten,
Beide wollten mich begleiten,
Beide wollten für mich streiten,
Holde Schönheit zu erbeuten.
Doch sie gingen beide über
Zu der Schönheit Lustgestalt,
Mich ergreift ein selig Fieber,
Schöner Träume Allgewalt.
Dürft’ ich nur mein furchtsam Herz durchbohren!
Doch sie lebt darin, die es erkoren,
Und ihr Wille ist mein Mut,
Und ihr Atem treibt mein Blut,
Und ihr Wort ist mein Verstand,
Und mein Schwert in ihrer Hand
Kann mir Leben geben, nehmen,
Ehre kann mich nicht beschämen.

Beata
Ich nehme Euer Schwert, mein edler Ritter,
Und werf es auf den freien Flammenherd,
Und jede Hand verbrenne,
Die es zum neuen Streit ergreifen will.
Hier droht Euch kein Verrat:
Mein hoher Bruder ehrt des Frühlings Macht,
Die er in jugendlichen Herzen übt;
Er sieht in Euch der Jugend Freund heut wieder,
Mit dem er gern die ersten Kränze teilte,
Eh dieses grüne Tal dem Rhein entstieg
Und unsre Väter feindlich trennte,
Bis sie der Tod darin verband.
Beschaut dies Tal,
Auf dem des Frühlings Feuer lodert,
Bald trägt es viele rote Rosen,
Sie sind von den Verlaßnen eingepflanzt,
Wo der Geliebten Seelen jammernd schieden
Und einen Strom von Blut zurückließen.
Ihr Ritter, weiht das Tal mit andern Farben,
Es sei der Freundschaft heil’ger Boden!

Siegfried
Ich nehm den Kranz, den Ihr mir dargeboten,
Und rufe: »Über *alle* Farben Grün,
Sie ist des Friedens und der Hoffnung Zeichen!«

Walter
Ich teile wieder diesen Kranz mit dir,
Es sei des Friedens Zeichen!
Mein Siegfried, wie bewegt mich dein vertraut Gesicht,
Nun du das Eisengitter hast eröffnet,
Der Freundschaft dunklen Kerker!

Siegfried
Dein freundlich Wort durchschneidet meine Brust,
Ach, lebten noch die teuren Helden alle,
Die dieser Boden fest umschließt,
Mein Walter, nimm den Händedruck in Lieb' und Leid
Um so viel edle Zeit, um so viel edle Freunde.

Walter
In deine Hand will ich den Würfel legen,
Sprich du, wem dieses Land gebührt,
Das uns mit seiner Herrlichkeit entzweite.

Siegfried
O, wem gehört dies schöne Land,
Wie kannst du zweifeln? kannst du fragen?
Die uns den Frieden hat gesandt,
Die Schönheit soll auch diese Krone tragen.

Chor der Ritter
Heil dir, Beata, Fürstin im Tal!
Warum verstummst du im sel'gen Traum?

Beata
Die Krone drückt mich nieder!
Ihr sollt nicht lohnen einem frommen Sinn;
Daß er sich gibt, und daß ihr ihm gewährt,
Ist ihm allein Gewinn.

Walter
Du allein kannst sie nicht tragen,
Dieses Landes schwere Krone,
Liebe teilet gern die Plagen,
Schützet dich auf hohem Throne,
Und der würdigste von allen
Sei der Liebe Wohlgefallen.

Beata
Zitternd hör ich deine Rede,
Ahnde, was sie mir bedeute;

Ach, in dieser harten Fehde
Nimmt die Großmut mich als Beute.
Mich erschreckt des Bruders Willen,
Nein, ich kann ihn nicht erfüllen.

Siegfried
Sinnend sah ich deine Augen,
Deinen Willen drin zu lesen,
Mußte süßes Gift einsaugen,
Das mich niemals läßt genesen,
Doch inmitten meiner Schmerzen
Fleh ich: »Folge deinem Herzen!«

Alle drei
Zweifel trägt des Glückes Baum,
Reifen läßt er keine Frucht,
Nahes Glück wird ferner Traum;
Denn die Zeit in ihrer Flucht
Reißt die Blüte mit sich fort,
Sehnsucht weilt und schmerzlich Wort.

Chor der Jungfrauen
Wie die Wolken vor die Sonne,
Wolkenschatten übers Tal,
Also zieht durch Liebeswonne,
Zweifel, deine finstre Qual.

Siegfried
Dir, o Jungfrau, ist gegeben
Freier Länder Heiligtum,
Heitre Freiheit sei dein Leben
Und dein Wille unser Ruhm;
Hast du schon dein Herz vergeben,
Krönen wir den Herrscher gleich,
Willst du einsam heilig leben,
Sei dies Tal ein heilig Reich.
Oder willst du zweifelnd wählen,
Überlasse dich der Zeit,
Meine Näh’ soll dich nicht quälen,
Deinen Ruhm verkünd ich weit.

Walter
Edles keimt in edlen Herzen,
Güte wirkt zum Guten Kraft,
Liebe löset alle Schmerzen,
Die der leere Zweifel schafft:
Völker, die durch Blut verfeindet,
Werden heut durchs Blut befreundet.

Chor der Ritter
Völker, die durch Blut verfeindet,

Werden heut durchs Blut befreundet:
Fest verbündet ist das Land,
Reichst du Siegfried deine Hand.

Beata
Weh, ihr habt es ausgesprochen,
Was mir Edelmut verschwieg.

Siegfried
Ach verzeih, was sie verbrochen;
Roheit gibt der lange Krieg.

Beata
Mich allein muß ich verdammen,
Meine Tränen fließen dir.

Siegfried
Ach, verhülle diese Flammen,
Dieser Tränen Opfer mir.

Chor der Jungfrauen
Wenn im hellen, frischen Morgen
Eine dunkle Rebe weint,
Bald der Knospen Grün erscheint,
Frühling spielt in bangen Sorgen.

Beata
Nein, es reißt der goldne Schleier,
Der so mild mein Herz gedeckt,
Dieses Tages hohe Feier
Ist durch tiefen Gram befleckt,
Und es rauscht im schönen Rheine,
Was des Frühlings Stunde trübt,
Daß ich seufze, daß ich weine,
Weil ich nimmermehr geliebt.

Chor der Ritter
Arme Fürstin, die noch nie geliebt,
Nimmer warst du selig tiefbetrübt,
Nie hast du des Tales Grün gesehn,
Wie die Düfte liebend zu dir wehn,
Nie hast du gehört des Waldes Rauschen,
Wenn die Vögel singend sich belauschen,
Nie hast du gesehn des Rheines Glanz,
Trägt er eines Weinbergs hellen Kranz
Auf der freien, spiegelglatten Stirn,
Ach, dein Herz muß ewig zweifelnd irrn!

Beata
Rufet mich nicht nach dem Rheine,
Denn schon nahet mein Geschick,

Liebe funkelt in dem Scheine,
Wunder ahndet schon mein Blick,
Fliehen möcht' ich und muß bleiben,
Seh den Schreckensnachen treiben.

Walter und Siegfried
Wer naht im frischen Morgenwind?

Beide Chöre
Ein Wunder naht im frischen Morgenwind,
Die Schwäne ziehen einen Purpurnachen,
Am Maste steht ein Jüngling wie ein Kind
Und singt, daß alle Echo rings erwachen;
Die Laute klingt in seiner zarten Hand,
Als wüßte sie, was seine Lippen sagen,
Die Schwäne schlagen in dem Unbestand
Den Wellentakt mit mächtigem Behagen.
Die Reben steigen aus dem Nachen auf,
Zum Schattendach sich über ihm verschlingen,
Die bunten Vögel sitzen rings darauf
Und lernen, wie sie bald so lieblich singen.
Die Nachtigall sitzt auf des Sängers Hand
Und flattert, sich im Gleichgewicht zu halten,
Wie er auch spielt, so heftig, so gewandt,
Sie scheint bezaubert von des Tons Gewalten.

*(**Der Frühling** kommt im Nachen, Schwäne ziehen ihn.)*
Chor der Schwäne
Wir Schwäne ziehn den Gott des Lebens,
Uns treibt geheime Todeslust,
Es widerstrebt die Flut vergebens
Und rauscht an unsrer weichen Brust,
Die Wasserlilien uns umschlingen
Mit ihrer holden Lieblichkeit:
Nichts kann die dunkle Sehnsucht zwingen,
Wo Frühling wohn' in Ewigkeit.

Frühling
Sank ich sonst als Morgentau
Aus der Wolke weiß Gefieder,
Traten mich auf grüner Au
Holde Frauen tanzend nieder;
Stieg ich auf in Veilchenpracht,
Rissen sie mich spielend ab,
Wurde einmal angelacht,
Und ihr Busen ward mein Grab:
Lieb' und Frühling sangen alle Herzen,
Frühlings *liebe* konnten sie verscherzen.
Ich, der Gott, ward Mensch im Zorn
Und verkörpert in der Rache;
Doch als Gott hab ich geschworn,
Daß ich aller Liebe lache.

Winket nur, ihr schönen Fraun,
Seufzet euer zärtlich Ach!
Eure Augen glühn vom Schaun,
Stürzt euch in den Fluß mir nach;
»Lieber Frühling«, pochen alle Herzen,
»Ich kann zornig lachen, rächend scherzen.«
Todessang im Schwan erglüht,
Reißt mich eilig ohn' Erbarmen
Aus der Welt, die neu erblüht,
Aus den ausgestreckten Armen,
Reißt mich bald zum Erdenrand,
Eh vorüber meine Zeit,
Zu des Himmels blauem Strand,
Der von Menschenlast befreit;
»Komme, Frühling,« rufen schon die Götter,
»Ohne dich ist uns kein Frühlingswetter.«

Alle Chöre
Wunderbare Zauberklänge,
Leben in der Übermacht,
Freier Atem, Herzensenge,
Sonnentag in Mondennacht!

Beata
Wie soll ich dich, o Sänger, nennen?
Doch meine Sehnsucht sah dich schon,
Den Gott des Frühlings wollt' ich kennen,
Und sehe dich auf seinem Thron.
Dir brennen diese Feuer alle,
Dich ehret unser frohes Fest,
O nahe dich mit süßem Schalle,
Daß sich dein Wort vernehmen läßt.

Chor der Jungfraun
O nahe dich, denn fern verklungen
Ist uns das Wort, das du gesungen.

Beata
Sei begrüßt als Gott des Flusses,
Trete auf dein armes Land,
Eine Fülle des Genusses
Sät in Tönen deine Hand.
Sel'ge Ernte, wo du weilest,
Wo dein Nachen stille steht,
Da du solchen Schatz verteilest,
Wo er rasch vorübergeht:
Weile, weile, süßer Knabe,
Sieh, mir naht der Vogel dein,
Dieses Land sei Morgengabe
Für dein Singen zart und rein.
Willst du es mit Lust regieren,
Nimm auch seiner Fürstin Hand,

Daß sie lernt die Laute rühren
Und dein Herz, das ihr gesandt.

Frühling
Ich möchte höhnend sie verschmähen,
Die mich vertrauend, liebend grüßt.
Doch aller Zorn verschmilzt wie Schnee,
Die Liebe blüht darunter heißer
Und strebt zu ihrer Augen Licht;
Ich möchte meine Augen schließen
Und öffne sie, als wär's zum erstenmal,
Als sähe ich zum erstenmal mein Frühlingswerk
So gibt's ein Schicksal auch für Götter,
Weh mir, daß ich ein Gott! *(Lautenspiel.)*

Chor der Jungfrauen
Seht, er nahet sich dem Land,
Streut mit Blumen diesen Strand,
Zweifelnd scheint er noch zu schwanken,
Führt ihn her, ihr freundlichen Gedanken!

Beata
Umwacht die stille Himmelsbläue
Der Erde erstes Lebensgrün,
Da sehnt sich alles in das Freie
Und will mit allen Blumen blühn:
Und einer Lust geheime Weihe
Umfängt uns in der Sonne Glühn,
Und Luft und Wasser fühlt ein Leben,
Wie rings die goldnen Strahlen weben.
Ein Liebesnetz ist angefangen
Und schließt mich immer enger ein,
Ich fühle mich so gern gefangen
Und mag mich nimmermehr befrein.
Mit meinen Ketten will ich prangen,
Es sind der Lippen Kunstverein,
Die Laute will ich ewig üben,
Bis sie dir sagt, was Frühlingslieben.

Frühling
Nur in Tönen kann ich sagen
Von der neuen Sonne Tagen.

Beata
In der Stummheit will ich lernen,
Wie die Blumen von den Sternen.

Chor der Ritter
Welch Beginnen, welche Zucht!
Liebe schenkt sie dem, der keine Liebe sucht.

Walter
Welch Beginnen! Doch umklungen
Von den Tönen,
Fühle ich mich ganz bezwungen
Von dem Schönen;
Fliehen wir den Zaubernachen.

Siegfried
Wehe, welche Eifersucht
Glühet mir im starken Herzen!
In Verzweiflung, in der Flucht
Lösche ich die wildentbrannten Schmerzen,
Fliehend meiner Liebe Abgrund,
Fliehend diesen Göttermund,
Fliehend diesen Zaubernachen.

Chor der Ritter
Folgt den Helden, die uns führen,
Zauberton soll uns nicht rühren,
Fliehen wir den Zaubernachen. *(Sie eilen fort.)*

Beata
Weh, sie fliehen! –
Könnt' ich dich nur halten!
Doch der Schwäne tückische Gewalten
Dich vorüberziehen,
Eh ich deine Hand berührt,
Ach, wohin wirst du geführt!
Lichte Schwäne, stolze Schwimmer,
Wendet eure Blicke um,
Seht im Spiegel euren Schimmer
Und den Gott, der tönend stumm.

Frühling
Haltet an, ihr treuen Schwäne,
Liebe winkt mit Blick und Hand;
Was ich mir so lang ersehne,
Alles schenkt dies grüne Land,
Und die Nachtigall kehrt wieder,
Trägt ein grünes Myrtenblatt,
Singet mir der Fürstin Lieder,
Die sich mir ergeben hat.
Haltet an den Purpurnachen,
Tretet auf den grünen Strand,
Holdes Seufzen, traulich Lachen
Füllet dieses sel'ge Land.

Chor der Schwäne
Nur auf Wellen sind wir schön,
Von der Wellen Kraft vergöttert
Hellhoch unsre Flügel stehn,

Und ihr Schlag wie Blitz zerschmettert,
Unser Hals den Feind umschlinget
Und nach Schlangenart bezwinget.
Ewig zieht die Flut vom Strand;
Kannst du nicht die Strömung halten,
Reißt sie uns vom nahen Land
Mit den schmeichelnden Gewalten,
Die uns dienend ganz bezwingen,
Uns erhalten und verjüngen.
Klage ist uns nicht erlaubt,
Tobend wird der Strom noch rauschen,
Darum tauchen wir das Haupt,
Deinen Schmerz nicht zu belauschen,
In den Spiegel aller Dinge,
Daß uns frisches Blut durchdringe.

Frühling
Weh, ich büße jetzt in Tränen,
Daß mich diesen stolzen Schwänen
Zorn und Rache hingegeben;
Ach, verlornes Frühlingsleben!
Fühllos reißt ihr mich vom Glücke,
Ach wie schmerzt der Sonne Schein,
Wenn die sehnsuchtvollen Blicke
Sollen ohne Liebe sein,
Wenn die Strömung weiter, weiter,
Wo der Himmel ewig heiter,
Den Betrübten, den Getrennten
In die fremden Welten zieht;
Ach wenn Göttertränen brennten,
Wär' mein Auge schon verglüht.

Beata
Trost des Herzens, daß du liebest,
Schmerz des Schmerzes, daß du dich betrübest!
Fern den Augen, die verdunkelt,
Schon dein lieblich Antlitz funkelt
Wie ein Stern, der niedersinkt
Und im Wellenglanz ertrinkt;
Haltet an, ihr harten Herzen,
Höret meine, seine Schmerzen!

Beide
Hart und schrecklich ist das Leben
Flüchtig zieht der grimme Fluß
Durch die Felsen, durch die Reben
Wie der Pfeil im Todesschuß;
Viele warnet wohl das Sausen,
Doch das Herz, das er getroffen,
Stand so offen seinem Grausen
Wie der Liebe, wie dem Hoffen.

Chor der Jungfrauen
Sieh nicht nach dem Purpurnachen,
Langsam konnte er nur nahn,
Statt der Schwäne reißen Drachen
Ihn jetzt fort auf blut'ger Bahn;
Und der Schaum auf allen Wogen
Zeigt die wilde Raserei,
Die den Sänger hat umzogen,
Als die Liebe ihm vorbei,
Als vorüber seine Freude,
Wehe seinem Lautenklang,
Denn mit immer neuem Leide
Füllt ihn ewig der Gesang.

Chor der Schwäne
(In der Ferne)
Daß uns frisches Blut der Welt durchdringe,
Rasch vorüber in das weite Meer!
Daß der Zorn die alte Welt verjünge,
Ist uns das Vergangne tot und leer;
Und in Reue und Vergessen
Löst sich Liebe, die vermessen
Nach dem Geiste irdisch trachtet,
Tod hat sie im Licht umnachtet.

Beata
Wer vergessen kann, der liebt nicht,
Und wem reut, daß er geliebt,
Ach der kann nicht lieben,
Kann in Liebe noch nicht sterben.
Ach ich bin so selig, daß ich liebe,
Außer dieser Liebe ist die Welt,
Lebe wohl, du Welt!
Ferne schallt der trübe Abschiedsruf,
Selig, selig, wer aus Liebe stirbt.

Chor der Jungfrauen
Grauenvoll, welcher Entschluß
Reget den trauernden Sinn?
Haltet sie ab von dem Fluß!
Tage sind Kraft und Gewinn
In dem verzweifelnden Herzen,
Tränen erleichtern die Schmerzen.

Beata
Sorget nicht, daß ich ein Leid mir tu,
Alles Leid ist mir um Liebe worden,
Und wer kann die süße Liebe morden?
Meine Liebe fände keine Ruh'
In den Elementen, die beleben,
Würde überm Wasser rastlos schweben,
Meine Liebe eilt dem Urquell zu.

Gegen einen Strom ringt mein Gesang,
Gegen einen Strom von ird'schen Tränen,
Gegen einen Strom von ird'schem Wähnen
Fort zur Quelle, wo das Herz entsprang,
Wo das Herz am Herzen wieder springet,
Wo sich Erd' und Himmel ganz durchdringet,
Wo kein Untergang in Liebesdrang.

Chor der Jungfrauen
Eilet, entreißt sie dem Flammenherd,
Dem sie sich schwindelnd hat zugekehrt,
Wehe, sie stürzt in das Schwert,
Das sie versteckte am Herd.

Beata
Alle Gestalten vergehn,
Alle Töne verwehn,
Ich sinke in Licht,
Das mein Herz durchsticht;
Welcher Strahl
Erhebt mich vom trostlosen Tal?
Selig, selig, wer aus Liebe stirbt! –

Chor der Jungfrauen
Reißet alle Frühlingsblüten
Ihr zum Sterbebett zusammen,
Ihre Wangen schon verglühten
Mit den hellen Augenflammen,
Und ein Sturm durchwühlt den Himmel,
Und der Rhein erbraust mit Schrecken:
Machtlos irdisches Getümmel,
Du kannst nicht die Toten wecken.
Und der Schnee, der wiederkehret
Nach dem kurzen Frühlingsschein,
Uns kein einzig Glück zerstöret,
Er bedeckt nur unsre Pein.
Seht, der Rhein ist ausgetreten,
Reißt zu sich dies Unglücksland,
Laßt uns beten,
Denn wir stehn am Grabesrand.

(Der Strom nimmt sie hinweg.)
Erstes Chor der Hirten
Fern erbebend bei dem Wetter
Eilen wir zum Schutz der Frauen,
Alles schwankt, wohin wir schauen,
Es verzagen alle Retter,
Denn verschwunden ist das Tal.

Zweites Chor der Hirten
Welche Stille, welches Brausen!

Fluten wirbeln und erblitzen
Schon um hoher Bäume Spitzen,
Unsre Herzen füllt ein Grausen,
Denn verschwunden ist das Tal.

Beide Chöre
Unsre Herrn
Weilen fern;
Weh, wer soll es ihnen klagen,
Was wir kaum zu sagen wagen?

Ein Chor
Weh, die Fürstin und das Land
Hat der Rhein mit starker Hand
In das Todesbett gerissen.

Zweites Chor
Arme Braut, auf kalten Kissen
Wirst du deinen Bräut'gam missen.

Beide Chöre
Frühling ward der Welt entrissen,
Schönheit riß er mit sich fort;
Sehnsucht weilt und schmerzlich Wort.

Ein Chor
Hart und schrecklich ist das Leben!

Zweites Chor

   Untergang sein innres Streben.

Beide Chöre
Seligkeit ist nur im Tode.